ENCUENTRA LOS **7 OBJETOS OLVIDADOS**: MANTITA, PIRULETA, PAJITA, PELUSA, CALCETÍN, UNAS LLAVES Y UNA PIEZA DE CONSTRUCCIÓN.

# BAJO LA PISCINA DE BOLAS

NINES BARCELONA

NEREA MUR

PARA TODOS LOS QUE NECESITAN SOPLAR AL MIEDO.

GRACIAS A ABRIL, LUCAS Y RÍO, POR ENSEÑARNOS

EL VALOR DE LA PALABRA "VAMOS".

# HOLA,

YO SOY... UN NIÑO TÍMIDO.
ME GUSTA DISFRUTAR DE TODO,
COMO A TI,
PERO MÁS CON GENTE
A LA QUE CONOZCO

## MUY MUCHO.

POR ESO, ME PIERDO MUCHAS
COSAS DIVERTIDAS...

# VEN CONMIGO,
# TE VOY A CONTAR.

UNO DE MIS LUGARES FAVORITOS EN EL MUNDO
ES LA PISCINA DE BOLAS,

HASTA QUE LLEGAN MÁS NIÑOS.

ENTONCES ME ESCONDO...

Y CAIGO EN UN MUNDO

SIN **COLOR,** JUNTO A LAS

COSAS QUE SE **OLVIDAN.**

PERO UN DÍA, DE REPENTE, COMENZARON A HABLARME LAS COSAS **OLVIDADAS** BAJO LA PISCINA DE BOLAS.

—¿QUÉ HACES AQUÍ SOLITO PUDIENDO DISFRUTAR ARRIBA? —DIJO UNA **PIRULETA**.

—CREO QUE SOLO NECESITA ALGO QUE LE DÉ SEGURIDAD —AFIRMÓ UNA **MANTITA**.

—¿NO QUIERES QUE TE CONOZCAN TAL Y COMO ERES? —DIJO UNA BOLA DE **PELUSA** CON CIERTO RINTINTÍN.

—¡CONTÉMOSLE NUESTRA HISTORIA! VEN, ACÉRCATE. —ME DIJO EL **CALCETÍN** QUE OLÍA UN POQUITO MAL...

—¡EMPIEZO YO! ME LLAMAN DOÑA PIRU PEGAJOSA Y ME GUSTA ESTAR SOLA, PERO NUNCA PUEDO. AL FINAL ME HE ACEPTADO TAL Y COMO SOY, PUES HE APRENDIDO A CONVIVIR CON COSAS QUE NO ME HACEN GRACIA, PERO QUE SE PEGAN A MÍ.

—¿CÓMO? —DIJE.
PENSÉ QUE NO ERA TAN FÁCIL.

—**COGÍ AIRE** Y SEGUÍ ADELANTE.
SI NO FUERA COMO SOY, PEGAJOSA,
NO SERÍA YO.
¿ENTIENDES?

...EEEHHH, ¡¡PERO SUÉLTAME!!

¡HASTA QUE ME CONOCIÓ A MÍ!
—DIJO DOÑA PAJITA—. YO TENGO
LA VIRTUD DE PODER DIRIGIR EL
AIRE, PERO NO TENÍA HACIA
QUIÉN DIRIGIRLO.

2

¿SERÁ POSIBLE? ¡PERO BUENO! ¡TE LA
CAMBIÉ YO, SI NO HUBIESE APARECIDO,
A SABER DÓNDE ESTARÍAS! —DIJO DOÑA
PAJITA CON ORGULLO.

4

¡COMO TE PILLE,
**TE SOPLO!**

6

YO MIRABA LA ESCENA, ERA UNA DISCUSIÓN TAN ABSURDA COMO DIVERTIDA. **DON MANTITA MANTÓN** SE ACERCÓ Y ME DIJO:

—NO LES HAGAS CASO, SIEMPRE ESTÁN IGUAL. LA REALIDAD ES QUE NO PUEDEN VIVIR LA UNA SIN LA OTRA.

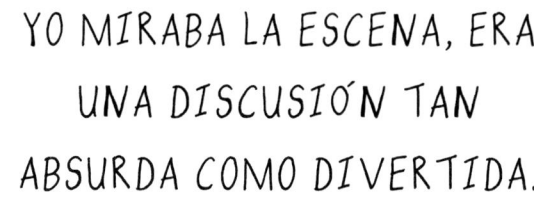

DECIDIERON **SOPLAR AL MIEDO** Y COMPLEMENTARSE. SI NO FUESEN COMO SON, NO SERÍAN ELLAS. EN MI CASO, POR EJEMPLO, LOS NIÑOS ME NECESITAN, ME AGARRAN Y SE SIENTEN MÁS SEGUROS. LAMENTABLEMENTE, NO SIEMPRE PODRÉ ESTAR CON ELLOS. ME COSTÓ ACEPTARLO Y, CUANDO LO HICE, ENTENDÍ QUE DEBÍA DARLES EL APOYO NECESARIO UN TIEMPO. CUANDO ESTUVIESEN PREPARADOS, DEBÍA **DEJARLOS VOLAR.**

—YO SOY VALIENTE Y **PISO FUERTE**.
SACO EL CATALEJO POR MI AGUJERO ESPECIAL
Y, A TRAVÉS DE LAS BOLAS, ME PONGO A MIRAR
PARA, CUANDO LLEGUEN LOS NIÑOS,
EMPEZAR LAS AVENTURAS.
DE LA MANO DE UNO A OTRO VOY
Y JUNTOS DISFRUTAMOS
CORRIENDO, RIENDO Y
SALTANDO.

SÉ QUE HUELO UN POCO MAL, PERO ESO DEMUESTRA LA DE AVENTURAS QUE HE VIVIDO JUNTO A LOS NIÑOS. SI NO FUERA COMO SOY, NO SERÍA YO.

ME QUEDÉ PENSATIVO, INTENTANDO ANALIZAR TODO LO QUE HABÍA ESCUCHADO.

LA VERDAD ES QUE, JUNTO A VOSOTROS, LAS COSAS PARECEN **MÁS FÁCILES**.

**SOMOS** COMO SOMOS;
SOMOS **ÚNICOS.**
SOMOS **REALES;**
SOMOS **VALIENTES...**

¡Y TÚ TAMBIÉN!

SIGUE LOS PASOS Y LO VERÁS.

PISA FUERTE.

SOPLA
AL
MIEDO.

# AGÁRRATE.

ENTONCES DI UN **SALTO**
Y ABRÍ LOS OJOS.

UNA NIÑA ME AGARRÓ DE LA MANO Y ME DIJO:

—¡¡CORRE, QUE NOS LANZAN BOLAS!!

**—¡VAMOS!**

SIGO SIENDO UN NIÑO **TÍMIDO**, PERO, DESDE ENTONCES, CUANDO TENGO **VERGÜENZA**, PIENSO EN EL CALCETÍN. RECUERDO SUS PALABRAS Y ASÍ TENGO EL **VALOR** PARA HACER LO QUE QUIERA. **YO PUEDO**... SÉ QUE PUEDO.

**¡Y TÚ TAMBIÉN!**

TOMA,
TE LAS PRESTO:

**COGE AIRE**

**PISA FUERTE**

**SOPLA AL MIEDO**    **AGÁRRATE**

**¡VAMOS!**

© Mari Ángeles Barcelona Escabosa (de la obra)
©Apuleyo Ediciones (de esta edición)
Primera edición en Apuleyo Ediciones: Febrero 2024
Diseño de cubierta: Sofía Corzo González
Corrección: Lorena Maestre Gregori
Maquetación: Alejandro Bermejo Cercas
Ilustraciones: Nerea Bur
Coordinación editorial: Isidoro Cidre González
info@apuleyoediciones.com
www.apuleyoediciones.com
ISBN: 978-84-1060-054-6
Depósito legal: H 716-2023

Hecho e impreso en España.

# BAJO LA PISCINA DE BOLAS

APULEYO EDICIONES     FOMENTO DE VALORES     CUENTOS ILUSTRADOS

# NINES BARCELONA
## NEREA MUR

APULEYO EDICIONES    FOMENTO DE VALORES    CUENTOS ILUSTRADOS